Tradiciones culturales

México

Lynn Peppas

Traducción de
Paulina Najar-
Petersen

Crabtree Publishing
crabtreebooks.com

Crabtree Publishing

crabtreebooks.com   800-387-7650

Copyright © 2024 Crabtree Publishing

Author: Lynn Peppas
Publishing plan research and development:
    Sean Charlebois, Reagan Miller
    Crabtree Publishing Company
Project coordinator: Kathy Middleton
Editors: Adrianna Morganelli, Crystal Sikkens
Proofreader: Kathy Middleton
Translation to Spanish: Paulina Najar-Petersen
Spanish-language copyediting and proofreading: Base Tres
Photo research: Crystal Sikkens
Design: Margaret Amy Salter
Production coordinator: Margaret Amy Salter
Prepress technician: Margaret Amy Salter
Print coordinator: Katherine Kantor

Cover: Traditional Mexican piñata (top right and left); Mayan pyramid at Chichen Itza (top center); Mexican children dancing in traditional costumes (middle center); luchador masks used for Mexican wrestling (middle right); salsa fresca (bottom center); Mexican sweet bread and sombrero hats (bottom right); figure from Day of the Dead celebration (bottom left)

Title page: Mexican mariachi band

Published in Canada
Crabtree Publishing
616 Welland Avenue
St. Catharines, Ontario
L2M 5V6

Published in the United States Crabtree Publishing
347 Fifth Avenue
Suite 1402-145
New York, NY 10016

Paperback   978-1-0396-4420-5
Ebook (pdf) 978-1-0396-4380-2

Printed in Canada/122023/CP20231206

Illustrations: Bonna Rouse: page 4

Photographs:
Alamy: © Craig Lovell/Eagle Visions Photography: page 11 (bottom); © Lightworks Media: page 13 (top)
AP Images: Jose Luis Magane: page 20
BigStockPhoto: cover (top right and left)
Dreamstime: © Shootalot: page 5; © Feverpitched: page 8; © Arturo Osorno: page 10; © Ulita: page 18
Keystone Press: © El Universal/Zuma: page 9
Shutterstock: cover (top center, middle right, bottom right and center), pages 6, 13 (bottom), 14; Faraways: cover (middle center); Ron Kacmarcik: page 1; tipograffias: pages 19, 24 (right); Bill Perry: page 27 (right)
Thinkstock: pages 7, 11 (top), 15, 24 (left), 25 (bottom), 26, 27 (left), 29 (left), 30, 31
Wikimedia Commons: Tomascastelazo: cover (bottom left); TheImadatter: pages 16, 17 (top), 22, 28, 29 (right); Luisfi: page 17 (bottom); dbking: page 21; Alejandro Linares Garcia: page 23 (top); Paige Morrison: page 23 (bottom); Eneas de Troya: page 25 (top)

ÍNDICE

Bienvenido a México **4**

Cumpleaños y matrimonios **6**

Días familiares **8**

Día del santo **10**

Año Nuevo **12**

Aniversario de Benito Juárez **14**

Carnaval **16**

Pascua **18**

Cinco de Mayo **20**

Día de la Independencia **22**

Día de Muertos **24**

Día de la Virgen de Guadalupe **26**

Navidad en México **28**

Día de los Santos Inocentes **30**

Glosario e índice analítico **32**

Bienvenido a México

La cultura mexicana es una mezcla única de tradiciones nativas mexicanas y españolas. La cultura se forma con historias y creencias que comparte un grupo de gente. Las tradiciones son formas de celebrar la cultura que han sido transmitidas de una generación a otra. Miles de años atrás, México fue gobernado por antiguas y poderosas culturas, entre ellas, los aztecas y los mayas. Alrededor del año 1500, exploradores españoles llegaron a México para anexar nuevas tierras a España. **Conquistaron** a los mexicanos nativos y trajeron con ello su propia cultura, religión y tradiciones.

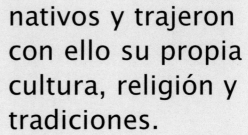

Hernán Cortés fue el primer explorador español que se encontró con los aztecas. La primera reunión fue amigable, pero después Cortés y su ejército conquistaron a los antiguos mexicanos.

Los días festivos en México son días especiales que celebran diferentes tradiciones, transmitidas desde hace miles de años. Algunos días festivos son celebraciones **nacionales** y la mayoría de la gente tiene el día libre en el trabajo y la escuela. Algunas de estas celebraciones son **religiosas**, como la Pascua o la Navidad. Algunas son celebraciones familiares, como los cumpleaños, el día del santo y el Día de las Madres.

¿Sabías qué?
La fiesta es una celebración. Muchos mexicanos celebran los días festivos organizando fiestas.

Cumpleaños y matrimonios

Las familias mexicanas se reúnen para celebrar ocasiones especiales, como matrimonios o bodas, aniversarios y cumpleaños. La piñata es un divertido juguete que se utiliza para celebrar diferentes ocasiones, como los cumpleaños. Es hueca por dentro y está hecha de pedazos de papel pegados unos a otros. Se llena de pequeños regalos como dulces, juguetes y monedas. Durante la fiesta, a los niños se les coloca una pañoleta sobre los ojos. Con un palo de madera, intentan romper la piñata. ¡Una vez que la piñata se rompe, todos se acercan rápidamente para tomar lo que caiga!

¿Sabías qué?
En México, cuando una niña cumple 15 años, se organiza una celebración muy especial que en Estados Unidos se conoce como Quinceañera. Normalmente, las niñas usan vestidos blancos especiales.

Durante la ceremonia del matrimonio, una cuerda llamada lazo se ata en forma de 8, sin apretarla, alrededor del cuello de los novios. Este lazo está hecho de listón, cuentas de **rosario** o flores. Esto representa que los novios ahora están casados y permanecerán juntos. El novio le entrega a la novia 13 monedas de oro llamadas arras. Estas monedas representan a Jesús y sus 12 apóstoles, o seguidores.

La palabra *arras* significa **dote**.

7

Días familiares

Las madres disfrutan de un día muy especial durante el Día de las Madres.

La vida en familia juega un papel muy importante en la cultura mexicana. Los mexicanos celebran a los diferentes miembros de la familia durante todo el año. El Día de las Madres se celebra el 10 de mayo. Muchos les llevan serenatas o les cantan, incluso contratan mariachi para que les canten. El mariachi es un grupo musical con guitarras, violines y trompetas.

El 30 de abril se celebra el Día del Niño. Los niños tienen el día libre en la escuela. Este día, los padres hacen sentir muy especiales a los niños y algunas veces les dan regalos. Algunas organizaciones juntan donaciones para huérfanos o niños necesitados que no tienen dinero.

¿Sabías qué?
El Día del Padre en México se celebra el tercer domingo de junio. El Día de la Familia cae en el primer domingo de marzo. Y no olvidemos a los abuelos: su día es el 28 de agosto.

Los niños disfrutan un desfile en las calles de la Ciudad de México durante el Día del Niño.

Día del santo

La mayoría de los mexicanos siguen la religión católica romana. Muchos mexicanos llevan el nombre de algún **santo** católico. El día del cumpleaños de un santo, los que llevan su nombre también celebran. A este día se le llama «día del santo». En él, algunos mexicanos suelen ir a la iglesia.

En Chiapa de Corzo, Chiapas, unos bailarines tradicionales llamados Parachicos bailan en las calles para celebrar a sus santos **patronos**: Nuestro Señor de Esquipulas, San Antonio Abad y San Sebastián.

Muchos pueblos y ciudades veneran a un santo patrón. Toda la ciudad o el pueblo celebra con una fiesta o festival el cumpleaños de su santo. Muchas veces, la estatua del santo es llevada por las calles. La gente celebra este día con música, baile y fuegos artificiales.

¿Sabías qué?
Algunas veces los mexicanos rezan al santo patrón para pedirle ayuda o milagros.

Para celebrar al santo patrón de San Miguel de Allende, una estatua de San Miguel Arcángel es paseada por las calles.

Año Nuevo

El Año Nuevo en México se celebra el primero de enero, al igual que en muchos otros países, como Estados Unidos y Canadá. Es una celebración nacional, y la mayoría de la gente tiene el día libre en el trabajo y la escuela.

En México, fuegos artificiales, petardos y luces de bengala son comunes durante la noche de Año Nuevo.

¿Sabías qué?
En México, algunas personas creen que si llevas ropa interior de color amarillo el día de Año Nuevo tendrás buena suerte con el dinero. Si es de color rojo, tendrás buena suerte en el amor.

El pan dulce mexicano (a la derecha) es una deliciosa tradición de Año Nuevo. Dentro del pan que se comerá durante la fiesta del Año Nuevo se coloca una moneda. La persona que la encuentre tendrá buena suerte el año que inicia.

(arriba) Mucha gente cena tarde en Año Nuevo. Cuando llega la media noche, todos comen 12 uvas y piden un deseo con cada una.

Aniversario de Benito Juárez

Muchos mexicanos creen que Benito Juárez es el mejor presidente que ha tenido México. Juárez fue presidente en la segunda mitad del siglo XIX. Fue el primer presidente indígena de México. Indígena significa que es una persona que desciende de los habitantes originarios de un lugar. El aniversario de Benito Juárez es el 21 de marzo. La celebración se lleva a cabo ese día.

Existen muchas estatuas y monumentos por todo México en honor al presidente Benito Juárez.

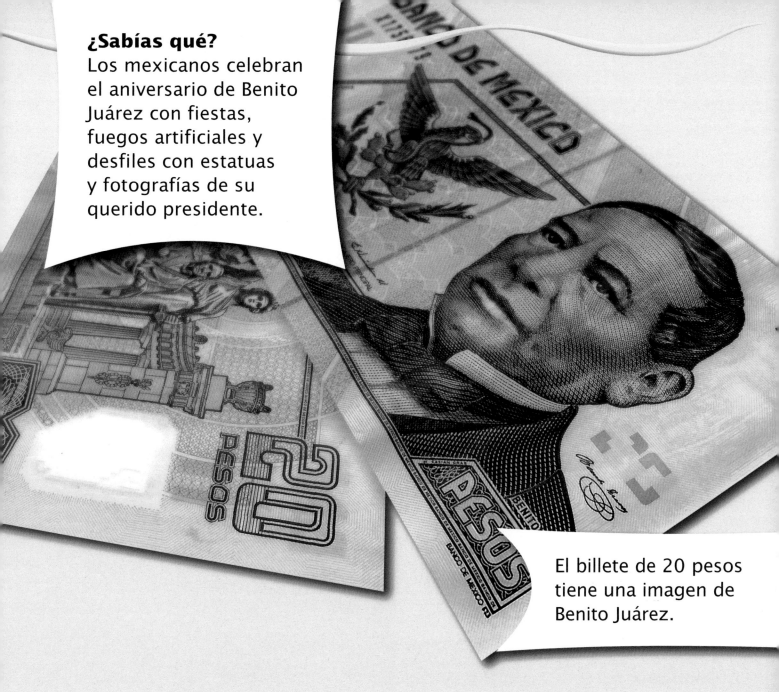

¿Sabías qué?
Los mexicanos celebran el aniversario de Benito Juárez con fiestas, fuegos artificiales y desfiles con estatuas y fotografías de su querido presidente.

El billete de 20 pesos tiene una imagen de Benito Juárez.

Los mexicanos celebran el aniversario de Benito Juárez, también llamado *Natalicio de Benito Juárez*, el tercer lunes de marzo. Es una fiesta nacional mexicana. Una fiesta nacional es un día especial en donde casi todos los mexicanos tienen el día libre en el trabajo y la escuela. Las fiestas nacionales celebran la **historia** de un país.

Carnaval

Un burro jala una carretilla en un desfile durante el Carnaval, en Huejotzingo, Puebla.

El Carnaval es una fiesta de 5 días que se celebra en México. Es una celebración que se lleva a cabo justo antes de que la Cuaresma comience. La Cuaresma es una temporada en la que los **cristianos** dejan de hacer algo que disfrutan durante los 40 días anteriores a la Pascua. El Carnaval se celebra en distintas fechas durante el año. Normalmente se lleva a cabo durante el mes de febrero, dependiendo de la fecha en que se celebre la Pascua.

La música también es una parte importante del Carnaval.

El Carnaval es un momento en el que los mexicanos disfrutan de ricos platillos y hacen fiestas antes de que comiencen las celebraciones de Pascua. Los desfiles también se organizan en las grandes ciudades, con carrozas y gente disfrazada. La gente avienta confeti a estas carrozas. Como parte de la celebración, se elige a una reina y a un rey del carnaval.

¿Sabías qué?
Los mexicanos se avientan unos a otros cascarones de huevo (abajo) durante el Carnaval. Los huevos se vacían, se limpian y se rellenan de confeti.

17

Pascua

La Pascua es una fiesta religiosa celebrada por los cristianos alrededor del mundo. Durante la Pascua, los cristianos agradecen que Jesucristo haya regresado a la vida y vuelto al cielo antes de su muerte. En México, la Pascua es una celebración muy importante que dura dos semanas. Cada año cae en diferentes fechas durante marzo o abril. Muchos mexicanos tienen libre estos días en la escuela y el trabajo.

Algunos pueblos mexicanos organizan bailes durante la Pascua, para celebrar la resurrección de Jesús.

Actores recrean la vida y muerte de Jesús durante la celebración de Pascua en Tlalnepantla, México.

La Pascua es un momento importante en el que los mexicanos van a la iglesia. Algunos ven obras en las que se recrean los últimos días de la vida de Jesús.

¿Sabías qué?
La Semana Santa es la semana anterior al domingo de Pascua. Durante este tiempo, la gente decora altares en sus casas o negocios para honrar a Jesús.

Cinco de Mayo

El Cinco de Mayo es una celebración que recuerda una fecha importante en la historia de México. Hace unos 150 años, Francia intentó invadir México. El 5 de mayo, el ejército mexicano hizo retroceder al ejército francés en la batalla de Puebla. Durante este día, los mexicanos celebran su libertad y cultura.

El 5 de mayo, en Puebla, México, actores recrean la batalla que ocurrió en este lugar en 1862, cuando el ejército mexicano venció al ejército francés.

Muchos mexicanos celebran el Cinco de Mayo, sobre todo en lugares como el estado de Puebla. Este día normalmente se dedica a la enseñanza de la cultura mexicana a través de exposiciones de arte o discursos. Mucha gente en el sur de Estados Unidos celebra el día con música mexicana, comida y baile.

Mucha gente de ascendencia mexicana vive en Estados Unidos. ¡Ellos también celebran el Cinco de Mayo! Estos bailarines forman parte de una celebración en Washington, D.C.

¿Sabías qué?
¡En Estados Unidos, la primera celebración del Cinco de Mayo se hizo en el estado de California!

21

Día de la Independencia

El presidente de México ofrece un discurso muy especial el 15 de septiembre para dar comienzo a las celebraciones del Día de la Independencia.

El Día de la Independencia de México es una fiesta **patriótica** nacional que se celebra cada año el 16 de septiembre. Independencia significa que un grupo de gente puede tomar sus propias decisiones. El 15 de septiembre, a las 11 de la noche, millones de mexicanos escuchan al presidente de México decir un patriótico discurso. Al día siguiente hay desfiles **militares** y fiestas por todo México.

Este día especial, muchos ven o participan en los desfiles.

Un sacerdote católico llamado Miguel Hidalgo y Costilla comenzó la Guerra de Independencia el 16 de septiembre, hace más de 200 años. Les dijo a los mexicanos que pelearan contra los españoles que gobernaban sobre ellos. A los mexicanos les tomó alrededor de 10 años lograr la independencia.

¿Sabías qué?
Algunas veces a la Independencia de México se le llama Grito de Dolores. Esto es porque el padre Hidalgo estaba en la ciudad de Dolores cuando convenció a los mexicanos de que deberían luchar.

Día de Muertos

El Día de Muertos es una celebración muy antigua que se lleva a cabo el 1 y 2 de noviembre. Los antiguos indígenas mexicanos honraban a sus familiares muertos. Después, los españoles llevaron a México sus celebraciones religiosas de los muertos. El Día de Muertos actual es una tradición que mezcla ambas culturas.

Las decoraciones de esqueletos son parte de la celebración del Día de Muertos.

Durante el Día de Muertos, muchas familias visitan y decoran las tumbas en donde sus parientes están enterrados.

El Día de Muertos es una alegre celebración en donde los mexicanos recuerdan la vida de amigos y familiares que han muerto. Las tumbas y las casas son decoradas con flores y esqueletos. Algunos creen que los muertos regresan a visitar a sus familias durante este día festivo. Las familias se reúnen para compartir algo de comer en los cementerios y, así, hacer sentir bienvenidos a los espíritus de los muertos.

¿Sabías qué?
Los alimentos tradicionales del Día de Muertos incluyen dulces, como las calaveras de azúcar, y un pan llamado pan de muerto.

Día de la Virgen de Guadalupe

El Día de la Virgen de Guadalupe se celebra en México el 12 de diciembre. Es la celebración religiosa más importante de México. La Virgen de Guadalupe es María, la madre de Jesús. Algunas veces se le llama Virgen María o Virgen de Guadalupe. Hace cientos de años, un mexicano indígena llamado Juan Diego dijo que había visto el espíritu de la Virgen María. Ella hizo el milagro de aparecer rosas en un lugar donde no había, y pidió que se construyera una iglesia en su nombre en Ciudad de México.

Esta estatua representa a la Virgen María apareciéndose a Juan Diego, y se encuentra en uno de los lugares donde se dice que Juan Diego la vio.

Hoy, muchos mexicanos visitan la capilla construida para la Virgen de Guadalupe. Otros, van a sus propias iglesias y rezan a la Virgen. La gente celebra con fiestas y comida mexicana. Los niños se visten con una tradicional manta llamada *tilma*, como la que llevaba Juan Diego.

¿Sabías qué?
Los mexicanos honran a la Virgen de Guadalupe con estatuas y pinturas en sus casas y negocios durante todo el año. Ella es la Santa Patrona de todo México.

Esta mujer le reza a la Virgen de Guadalupe en una iglesia en la Ciudad de México.

Navidad en México

Los cristianos alrededor del mundo celebran la Navidad el 25 de diciembre. Jesucristo nació ese día en la ciudad de Belén. En México, la celebración dura dos semanas. La mayoría de los mexicanos tienen el día de Navidad libre en el trabajo y las escuelas, pero muchas familias salen de vacaciones por más tiempo. Durante la Navidad, muchos mexicanos van a misa.

Muchos mercados venden decoraciones navideñas hechas a mano, como este en Michoacán, México.

Durante la Nochebuena, visitan a amigos y familiares pidiendo un lugar para alojarse, como lo hicieron María y José hace más de 2 000 años. En una de las casas los invitarán a pasar y comenzará una fiesta bien planeada. Se sirve un platillo tradicional llamado Ensalada de Nochebuena.

Las familias se reúnen en iglesias bellamente decoradas con adornos navideños.

¿Sabías qué?
Los niños de algunas partes de México reciben sus regalos de Navidad el 6 de enero, el día en el que los tres Reyes Magos llevaron regalos al bebé Jesús.

Los tamales son carne picada envuelta en masa. Este tipo de platillo popular fue introducido a México por los españoles hace cientos de años.

Día de los Santos Inocentes

En México, el Día de los Santos Inocentes se celebra el 28 de diciembre. Esta tradición llegó desde España hace cientos de años. Es muy similar al Día de los Inocentes de Estados Unidos y Canadá. En México, la gente hace bromas o hace creer a alguien más algo que no es cierto. Cuando alguien cae en el engaño se le dice: «inocente palomita».

El Día de los Santos Inocentes no es un día festivo religioso, pero tiene un origen religioso. Hace mucho tiempo, cuando nació Jesús, un rey escuchó que un bebé llamado Jesús ocuparía su lugar cuando creciera. Él no sabía en dónde estaba Jesús, así que ordenó matar a todos los bebés que estuvieran en el pueblo de Belén. Muchos niños inocentes murieron. El rey mandó a los tres Reyes Magos a encontrar a Jesús, pero cuando lo encontraron, no le dijeron al rey en dónde estaba. El rey se enojó mucho al ser engañado por los Reyes Magos.

Glosario

conquistaron: Que obtuvieron el control a la fuerza.

cristianos: Personas que creen que Jesucristo es el hijo de Dios.

dote: Un regalo que se entrega durante la celebración del matrimonio.

historia: Sucesos del pasado.

militares: Los miembros de las fuerzas armadas de un país.

nacionales: Que pertenecen a un país.

patriótica: Se refiere al amor por el propio país.

patronos: Los que protegen o apoyan a alguien más.

religiosas: Que tienen relación con las creencias en Dios.

rosario: Un collar para rezar hecho con cuentas.

santo: Una persona que murió y se cree que tiene poderes para ayudar a otros que están todavía en la Tierra.

Índice analítico

aztecas: 4

celebraciones: 5, 17, 22, 24

comida/platillo(s): 17, 21, 27, 29

Cuaresma: 16

cumpleaños: 5, 6, 10, 11

decoraciones/ decoran: 24, 28

desfile(s): 9, 15, 16, 17, 22, 23

españoles: 4, 23, 24, 29

esqueletos/calaveras: 24, 25

familia(res, s): 5, 6, 8, 9, 24, 25, 28, 29

fiesta(s): 5, 6, 11, 13, 15–18, 22, 27, 29

indígena(s): 14, 24, 26

Jesucristo/Jesús: 7, 18, 19, 26, 28, 29, 31

Juan Diego: 26, 27

Juárez, Benito: 14, 15

matrimonio(s): 6, 7

mayas: 4

nativos: 4

niños: 6, 9, 27, 29, 31

Pascua: 5, 16–19

regalos: 6, 9, 29

religión/religiosa(s, o, os): 4, 5, 10, 18, 24, 26, 31

santo(s): 5, 10, 11, 30, 31

Semana Santa: 19

Virgen María/Virgen de Guadalupe: 26, 27, 29